前　言

　　上海合作组织自 2001 年成立至今，在政治、安全、经济和人文等各领域均取得显著成就，对地区稳定和发展作出巨大贡献。其发展成就是成员国友好合作的见证，其发展历程是"上海精神"被广泛接受的过程，是探索实践合作共赢合作模式的过程，是政治互信逐步增强的过程，是民众交往日益增多的过程，是经济合作规模不断扩大的过程。

　　上海合作组织既是 1996 年的"上海五国"机制的继承和发展，更是符合时代和地区稳定发展需求的必然产物。如果没有上海合作组织这个多边合作机制，成员国各层级、各部门、各地区间的交往绝不可能像今天这样热络，成员国相邻的边境环境绝不可能像今天这样稳定，中俄两国面临的国际战略环境可能远比今天恶劣，国际力量格局也可能不会是今天这个样子。

　　当前，国际格局经历复杂深刻的调整与变化，世界形势不确定性增加：全球化遭遇前所未有的阻力，世界经济下行压力增大；发达经济体分化加剧，新兴经济体在曲折中发展；传统安全问题与非传统安全问题交织显现，地区安全风险与挑战增多；信息技术革命促使社会交往方式发生巨大变化，民众沟通和社会管理出现诸多新问题。总之，从个人，到组织机构，到国家，乃至整个地区和国际社会可以说进入一个既充满风险，又有无限机遇的新阶段。

　　可以说，国际和地区形势为上海合作组织带来新的机遇和挑战，各成员国也对组织发展提出新的要求。借助"一带一路"倡议的推动，上合组织化风险为机遇，更好地把握和利用发展机遇期，多边经济合作进入快车道，政治合作达到新高度，安全合作机制深化，人文合作领域拓宽，成员国打造区域"利益共同体"和"命运共同体"意识增强，上合组织地区吸引力和影响力不断扩大。

本报告通过分析上合组织成立至今的发展成就、取得的经验教训和当前面临的国际环境，探究组织发展的机遇和挑战，并对组织的未来作出展望。吸收印巴两国为正式成员后，上海合作组织可谓进入一个"升级版"的发展新阶段，在继续坚持"上海精神"的基础上，共建欧亚"命运共同体"。

目　录

一 上海合作组织成立 15 年来的主要成就

15 年来，上海合作组织内部凝聚力和外部吸引力不断增强，"朋友圈"不断扩大，国际社会越来越多的目光聚焦上海合作组织。现在，上海合作组织成员国有中国、俄罗斯、哈萨克斯坦、吉尔吉斯斯坦、塔吉克斯坦、乌兹别克斯坦六个国家。观察员国包括白俄罗斯、蒙古国、印度、伊朗、巴基斯坦和阿富汗。其中，印巴加入进入法律程序。对话伙伴国包括土耳其、斯里兰卡、亚美尼亚、尼泊尔、柬埔寨和阿塞拜疆。目前，伊朗、阿富汗正式申请成为成员国；斯里兰卡、孟加拉国、叙利亚申请成为观察员国；乌克兰、马尔代夫、埃及和以色列申请成为对话伙伴国。

成立 15 年来，上海合作组织已探索出顺应时代发展的新型国际组织模式，已跻身具有威望和影响力的国际和地区组织之列，成为当代国际关系中保障安全、稳定和可持续发展的有效因素，树立了地区和国际合作的典范。"上海精神"是上海合作组织顺利发展的独特源泉[①]。

（一）上海合作组织已经实现"三个跨越"

上海合作组织 15 年来主要发挥了"两大作用"。一是上海合作组织在构建和谐地区方面起到中流砥柱作用。二是上海合作组织在推动构建公平、合理的国际政治经济新秩序方面作用越来越明显。

上海合作组织发展可以分为四个阶段：

[①] 《上海合作组织成立十五周年塔什干宣言》，2016 年 6 月 25 日，新华社。

第一阶段是从"五国两方"边境谈判到建立"上海五国"机制的上海合作组织成立前期阶段（1996～2000 年），"上海五国"机制为上海合作组织创立奠定政治互信与精神基础。

第二阶段是上海合作组织成立和机制建设初创阶段（2001～2005 年），将"双边机制"转型提升为"多边机制"，创建以"上海精神"为指导的区域合作新模式。

第三阶段是上海合作组织机制完善与合作领域拓展阶段（2006～2010 年），从"经济、安全"合作拓展到"政治、安全、经济、人文"全面合作。

第四阶段是稳步发展与扩员阶段（2011～2016 年），应对世界经济危机，规划中长期发展战略，实施"一带一盟"对接，推动区域"一体化"进程。

15 年来，上海合作组织已经实现了"三个跨越"：

第一，组织功能跨越，从成立初期主要应对"三股势力"到开展政治、安全、经济、人文四大领域合作。

第二，组织成员跨越，从成立初期的"中俄＋中亚四国"，拓展到南亚、印度洋，形成成员国、观察员国和对话伙伴国三个层次共 18 个国家。

第三，组织议题跨越，从成立初期主要应对现实挑战和问题到实现成员国的未来发展战略对接，从中亚地区及周边的议题，拓展到欧亚大陆地区及周边的议题。

（二）上海合作组织不断进行理论创新

15 年来，上海合作组织在坚持不断理论创新中应对各种挑战，得到持续发展和壮大。

第一，上海合作组织的合作理念本身就是理论创新，是对传统的冷战思维的摒弃，坚持在竞争中合作，反对"零和博弈"。上海合作组织的合作理念中有中国传统文化"和为贵"的"基因"。结伴而不结盟的新型合作模式是对国际关系模式的创新。

第二，上海合作组织的新安全观是理论创新，是对传统安全的扬弃。坚持"共同安全、综合安全、合作安全"，安全是相对的，安全不是孤立的、零和的、绝对的，不追求绝对安全。上海合作组织从未将自身定位成一个与西方国家抗衡的"地缘政治集团"。

第三，上海合作组织的"共同体意识"是对"公共产品理论"的提升，坚持成员国建立"安全共同体""命运共同体"和"利益共同体"理念，这一理念是政治互信基础，也是成员国构建"公共产品"服务体系的基础。

第四，和谐地区是对地区稳定与发展理论的拓展，实现地区和谐是地区稳定发展的追求目标，也是地区稳定发展理论的新内涵。坚持构建"民主、平等、发展、繁荣"的区域合作是地区稳定与发展的基础①。

（三）维护地区安全稳定能力逐步提高

15 年来，上海合作组织维护安全稳定水平越来越高，稳定地区安全与世界和平的作用日益显现。《上海合作组织成立宣言》提出："上海合作组织尤其重视并尽一切必要努力保障地区安全。"习近平主席在 2016 年上海合作组织峰会指出："维护地区安全稳定是本组织所有成员国的共同关切。防止地区局势生乱、防范恐怖主义和宗教极端思想肆意蔓延、防止别有用心势力破坏地区和平稳定是本组织职责所在。"②

上海合作组织维护地区安全稳定作用主要体现在两个方面。

一是区域安全合作范围越来越大。维护地区安全，共同打击恐怖主义、宗教极端主义和民族分裂主义"三股势力"及贩毒、偷运武器等有组织犯罪是成员国合作的优先方向。《上海合作组织成员国合作打击恐怖主义、分裂主义和极端主义构想》《上海合作组织反恐怖主义公约》和《关于在上海合作组织成员国境内组织和举行联合反恐行动的程序协

---

① 《胡锦涛在上海合作组织阿斯塔纳峰会上讲话》，新华网，2005 – 7 – 6。
② 《习近平在上海合作组织 2016 年元首峰会上的讲话》，《人民日报》2016 年 6 月 24 日。

定》等文件奠定了上海合作组织成员国合作打击"三股势力"的法律基础。

二是解决安全隐患的能力越来越强。上海合作组织已经成为成员国之间以及成员国与非成员国之间安全合作和协调交流的有效平台。

二 当前国际形势

2016 年国际格局风云变幻，英国脱欧、特朗普当选等"黑天鹅"事件频发，世界形势的不稳定性和不确定性增加。全球化受阻、区域"一体化"与"碎片化"交织共生。发达经济体与新兴经济体博弈加剧。地区冲突不断出现，主要集中在西亚、北非、中东、南亚等地区，安全形势严峻。国际社会打击伊斯兰国行动态势持续，叙利亚内战久拖不决，乌克兰危机僵持不下，全球武装冲突的激烈程度有增无减。美国通过北约与俄罗斯在欧洲以及美日同盟在南海等地区的军事演习频繁，加剧地区紧张局势。

（一）逆全球化浪潮来临，区域"一体化"与"碎片化"交织共生

发达经济体持久性复苏乏力，增长率从 2015 年的 2.1%，降到 2016 年的 1.6%。世界经济下行压力持续，复苏动力依然不足。新兴经济体中，中国和印度发展依然充满活力，但是也面临较大内外压力。俄罗斯经济在艰难中回升，在国际能源价格低位徘徊和美欧制裁的双重压力下，经济发展与转型依然任重道远。

全球化的推动主体和动力发生微妙变化，从发达经济体向新兴经济体转变。在此背景下中俄对上合组织的地位和作用有清醒的一致认识。特朗普宣布退出 TPP。中国积极参与的区域全面伙伴协定（RCEP）和美加最早发起的亚太自由贸易区（FTAAP）将受到多方关注和期待。

特朗普当选美国总统，标志着资本主义精英政治遭遇二战以来最大

的危机，折射出西方体制的失序。美国国内贫富两极分化加剧，金融资本进一步垄断，就业岗位减少，社会不平等问题突出。奥巴马虽有伊核协议、美古复交、气候变化协定等"外交遗产"，但其与普通民众期待相去甚远。

特朗普打出"美国第一"的"变革"旗帜，迎合美国民众的利益诉求，最终赢得大选。他提出"美国优先"策略表现出孤立主义倾向。由于英国公投脱欧、意大利修宪公投失败，欧盟已经呈现出分裂迹象，如果按照特朗普的"美国优先"策略，若美国疏远欧洲，可能引发世界格局发生变化。①

英国脱欧是逆全球化的典型事件，也是区域一体化受阻的重要标志事件。第二次世界大战以后，欧盟从成立开始，在科技革命和自由贸易推动下区域一体化和经济全球化进程顺利，因此，欧盟经历了半个多世纪的扩张与一体化进程。长期以来，欧盟始终被国际社会认为是将一体化和全球化付诸实践的成功典范。

但是，自欧盟东扩以来，一些原欧盟成员国并没有随着一体化进程的加深而享受到更多的福利，反而陷入金融危机、难民危机。在这种背景下，英国脱欧既有英国国内民粹主义抬头、巨额参与成本所带来的经济压力、首相卡梅伦失算等原因，也与欧盟当前遭遇的债务危机和难民危机有直接关系。

英国脱欧给地区和全球带来多方面影响。尽管它可能会引发欧盟走向分裂，降低国际社会和欧洲国家对欧洲一体化的信心，但是，欧洲的一体化进程并不会因此而出现逆转，它可能进入调整期。尽管世界格局的多极化趋势不会逆转，但如果不能解决当前经济全球化与主权国家和无政府状态之间的矛盾，全球化进程将会放缓，区域一体化进程也将放缓，这对上合组织扩员发展和一体化进程有一定的启示和警示作用。

---

① 纽约大学经济学教授努里尔·鲁比尼：《为什么说特朗普威胁世界安全》，《参考消息》2017年1月9日。

（二）大国关系变化推动世界格局调整，多极化趋势明显，世界不确定性因素增多

当前，以英国"脱欧"为代表的去全球化浪潮、新兴科技改变资本和权力分配、民粹主义兴起并挑战西方主流政治成为影响世界秩序的三个因素。

大国关系的变化以及世界政治经济格局的调整，其背后的逻辑是主要国家综合国力的变化。从美国、英国、法国、德国等发达国家实力看，从中国、俄罗斯、印度等发展中国家的综合国力和影响力情况看，"一超多强"仍然是当今世界格局的主要特征，美国的超级大国地位依然稳固，而"多强"的次序排位则正处于演变分化进程之中，主要表现为：一是西方发达国家经济体发展动力不足、表现疲软，影响力下滑；二是中国和印度等新兴经济体表现出色，但新兴经济体在软实力方面还无法与发达经济体相提并论；三是俄罗斯资源禀赋和军事能力一流，但由于遭美欧制裁，经济下滑，综合国力有限。

当前，大国关系虽然没有出现结构性的实质变化，却表现出更加错综复杂的利益博弈和世界形势的不确定性，主要表现为：第一，随着新的挑战、新的不确定性、风险等逐渐成为国际形势的常态，反而使得新兴经济体的作用、发展中国家的贡献、非西方道路的重要性更加凸显。第二，现有国际体系的制度供给严重不足。近几年，西方大国干预西亚、北非、中东等地区国家激起更多矛盾和问题，并向周边外溢，导致全球性问题增多，而西方国家在创新和提供公共产品方面的能力逐步下降。第三，大国关系合作与博弈并存，"冷战"思维不时对国际安全产生负面影响。联合国安理会虽通过对"伊斯兰国"实施制裁和政治解决叙利亚问题决议。但是，恐怖主义威胁仍未解除。特朗普的政策显示出"孤立主义"和"保护主义"倾向，包括退出 TPP、提高关税等，特朗普以输赢论英雄的"零和"博弈，有可能危害现有的全球治理体系，甚至导致全球化进程出现"拐点"。

中美关系冲突与合作并存。2016 年，南海岛礁纠纷和"萨德"反导

系统入韩凸显了中美地缘政治的利益碰撞，网络安全、TPP 和人权等问题显示出美国对中国未来在国际秩序和贸易规则主导权方面与美国可能出现竞争，而应对气候变化《巴黎协定》的签署以及伊朗核问题上的协作则展现了两国合作的共同利益。2016 年 9 月，中美两国首脑在 G20 杭州峰会上达成了 35 项成果，涵盖了中美关系以及共同关心的重大地区和全球性问题。这些共识尽管不能打破两国关系的战略互疑氛围，但是，在确保中美关系总体稳定方面有着积极的作用。

特朗普就任美国总统后，退出 TPP 等举措，显示其更加重视美国自身的利益，而不是作为世界"霸主"顾及盟友的利益。现在，中美战略对话、经济对话以及人文磋商机制是中美合作机制中三个重要的支柱，如何通过现有机制妥善处理双方的分歧，管控分歧，是中美双方共同努力构建"不冲突、不对抗、相互尊重、合作共赢"的新型大国关系的关键。

美国与欧盟关系可能将调整。特朗普政府对北约的态度变化，预示着美国的外交政策将是不确定的，因此，也将导致美国与欧盟关系的不确定性。需求疲软、增长乏力、特朗普的"美国优先"策略，这三个因素将导致 2017 年全球经济增长复苏艰难。西方学者认为，特朗普实行"美国优先"策略，废除前任总统奥巴马的政治遗产 TPP 等，显示贸易保护主义回归，严密封锁边界和限制劳动力自由流动，预示着经济全球化将步入艰难时期①。

中俄关系全面深化发展。2016 年，中俄两国在南海、叙利亚、朝鲜半岛等地缘政治热点问题上共同发声，在经贸、能源、航空航天领域推进务实合作，在军事合作领域联合军事演习，大力推进民间交往，在多个层面上构建两国战略协作伙伴关系的支柱。2016 年 6 月，俄罗斯总统普京访华期间签署中俄联合声明，将两国的战略协作伙伴关系进一步深化，既总结和规划了两国关系发展前景，也协调了双方在全球战略稳定和网络空间的政策立场。可以说，建立在"不结盟、不对抗、不针对第

---

① 《不确定性：2017 年的标签》，英国《观察家报》网站，转引自《参考消息》2017 年 1 月 9 日。

三方、不意识形态化"四项原则基础上的中俄关系，既是两国全面战略协作关系得以向纵深发展的基础和前提，也意味着两国之间的协作是基于利益需求的一种主动性合作，而不是强制性的责任和义务。美国一些战略专家认为，把中俄逼到一起是奥巴马的战略性失误。离间中俄关系、拉拢俄罗斯遏制中国可能成为特朗普政府的重要追求。①

俄美关系难以彻底改善。2016 年俄罗斯与美国在北约东扩、反导系统、乌克兰以及克里米亚等问题上的战略冲突仍然占据两国关系的主流。2016 年 10 月，美俄关系进一步恶化，美国中止了两国有关叙利亚停火问题的谈判，俄罗斯宣布暂停履行美俄核能科研合作协议。北约东扩和美国主导的欧亚导弹防御系统已经触及俄罗斯维护其传统势力范围的战略红线。尽管如此，美俄关系也不可能升级到全面冲突，沟通与对话仍然是美俄关系改善的唯一出路。另外，特朗普就任总统前后分别两次与俄罗斯总统通话，显示美国将与俄罗斯缓和关系，但是，由于俄美之间存在遏制与反遏制、崛起与反崛起的结构性矛盾，俄美很难在短期内实现关系和解。

（三） 中东局势持续动荡，亚太地区形势复杂

2016 年西亚北非地区安全形势不仅未能好转，反而陷入冲突持续扩大的全面动荡的局面。一方面，叙利亚、利比亚、伊拉克等地的内战趋于长期化，实现和平近期无望。另一方面，美伊核协议进一步激化了以沙特为首的逊尼派阵营和以伊朗为首的什叶派阵营的矛盾，沙特和伊朗之间的冲突加剧，土耳其、埃及以及海湾国家内部政治社会危机升级，各国都在调整政策，争取更大的地区影响力，陷入阵营重组的混战。从区域外国家看，美国战略收缩的态势明显，美国与沙特、以色列、土耳其和埃及等传统盟友的向心力逐渐减弱。从区域内部看，国际能源价格下跌，美国、俄罗斯、欧盟等国家的战略调整以及国际反恐行动中的大国博弈，是西亚北非局势陷入全面动荡的外部因素，而内部深层次原因

---

① 王海运：《中俄美大三角在"变"中积极作为》，《环球时报》2017 年 2 月 17 日。

是区域各国内部长久积淀下来的经济和社会结构矛盾。因此，西亚北非局势在短期内很难看到转机，动荡的局面将在较长一段时间内持续。

2016 年中东局势依然复杂严峻。美俄等国加紧在中东布局，叙利亚逐渐演变成为大国政治深度博弈的"竞技场"。俄罗斯军事介入叙利亚打击恐怖势力，企图扭转被美欧挤压的战略空间。俄美欧各方虽都积极参与反恐，但心思各有不同。政治解决叙利亚问题进程虽然已经起步，但围绕巴沙尔政权去留问题俄美欧仍各持己见。伊核协议已经开始执行，但伊朗与美国仍然矛盾重重。特朗普当选后，俄美关系有可能缓和，俄美在叙利亚问题上可能取得一些妥协。但是，总体上看，特朗普将大致沿用奥巴马的中东路线，在维持美国领导地位的前提下，适当调整美国在中东的军力部署。

2016 年亚太安全形势跌宕起伏，美国继续推进"亚太再平衡战略"，尽管特朗普退出 TPP，但是，并不意味着美国放弃在亚太的利益。美日等国同盟强化，日本政治右倾化，解禁日本集体自卫权的"新安保法"于 2016 年 3 月底正式生效。美国与韩国宣布在韩国部署"萨德"反导系统，是美国推进"亚太再平衡战略"的重大进展，严重损害中国利益。日韩达成《军事情报保护协定》，对美日、美韩同盟关系合流创造了机会。

三 上海合作组织 2016 年发展的主要成就

（一）政治合作

2016 年中俄两国签署三个联合声明《中华人民共和国和俄罗斯联邦联合声明》《关于加强全球战略稳定的联合声明》《关于协作推进信息网络空间发展的联合声明》，系统阐述了双方对国际形势和地区热点问题的一致看法和立场。中俄两国在南海问题、叙利亚问题上的协调和配合有所突破。中俄两国军队首次举行联合反导计算机演习，举行"海上联合—2016"军演等，充分体现中俄战略协作伙伴关系进一步深化。中方与欧亚经济联盟委员会签署了正式启动经贸合作协议谈判的联合声明。中俄政治互信不断加强，带动其他成员国之间政治互信增强。印巴签署加入上合组织义务的备忘录，印巴之间、中印之间的边界问题等正在积极协调，相信在成员国元首峰会等机制协调下，会逐步彻底解决新成员国与老成员国之间的矛盾和问题。2016 年乌兹别克斯坦与吉尔吉斯斯坦因边界问题，矛盾一度激化，还有成员国之间的水资源问题也曾是矛盾的焦点，但在成员国共同努力下逐步得到了解决。

2016 年成员国元首峰会批准了《〈上海合作组织至 2025 年发展战略〉2016～2020 年落实行动计划》，制定了各领域的具体举措。峰会就南海、乌克兰、阿富汗等重大地区及国际问题表达了上合组织的一致立场。强调就南海问题所有有关争议应由当事方通过友好谈判和协商和平解决，反对国际化和外部势力干涉。支持通过推动"阿人主导，阿人所有"的包容性民族和解进程解决阿富汗内部冲突,联合国应在阿问题国际合作中发挥中心协调作用。在认真落实 2015 年 2 月 12 日达成的明斯克协议的基础上政治解决乌克兰危机十分重要,这些一致声明和国际话语权的逐步提高是上合组织政治合作成果的重要体现。

(二) 安全合作

2016 年中亚地区由于受到全球金融危机、乌克兰危机和国际恐怖主义扩张等因素的冲击,"三股势力"在中亚进入了新一轮活跃期,中亚地区安全形势趋于复杂。另外,中亚国家内部的一些问题也逐渐暴露,成员国面临的安全挑战更加突出。成员国 2016 年有针对性地开展了系列安全合作行动。

第一,举行"和平使命—2016"联合反恐军事演习。近年来,成员国军队共举行了 10 次多双边联合反恐军演,形成了定期举行反恐演习的机制化安排,联合反恐军演已成为防务安全合作的重要内容。成员国军队于 2016 年 11 月在吉尔吉斯斯坦举行"和平使命—2016"上合组织联合反恐军事演习。此次联合军演,是成员国武装力量举行的一次例行性多边反恐军事演习,中国、哈萨克斯坦、吉尔吉斯斯坦、俄罗斯和塔吉克斯坦分别派出陆军、空军力量参演,参演总兵力共 1100 人,其中中方派出参演兵力约 270 人。

第二,举行"团结—2016"成员国边防联合行动。如 10 月 3 日,中吉边防部门"团结—2016"联合执法行动在国庆节启动。联合执法期间,中吉双方就边防部门联合成立了 5 个行动小组。中吉"团结—2016"联合执法行动是上合组织框架下的第二次中吉边防联合执法。10 月 13 日,中哈两国边防部门举行"团结—2016"联合执法启动仪式。中哈两国边防部门通过会晤,建立和完善了新的警务联络机制,并组织两国边防官兵进行联合执法巡逻。

第三,成员国在新疆演练反恐作战。2016 年 12 月,上合组织山地步兵联合训练在新疆库尔勒市某训练基地举行。这是"和平使命—2016"联合反恐军事演习之后,各成员国武装力量联合军事训练的又一次有益实践。成员国官兵通过同台竞技、相互借鉴，促进训法战法创新，各方开展了互学训练技能、方法等交流活动，提升了部队实战化训练水平，拓展了各成员国之间军事交流合作的渠道，提高了各成员国军队之间的指挥协同和实战能力。这些军事演习对加深成员国互相了解、促进合作共赢、凝聚上合共识、维护区域和平具有重大意义。

（三）经济合作

2016 年元首峰会上，各成员国重申支持建设"丝绸之路经济带"，并将落实该倡议推动区域经济合作写入峰会宣言。中国提出的"共商、共建、共享"合作发展理念，与成员国的发展战略高度契合，上合组织成为中"丝绸之路经济带"与各成员国发展战略对接的主要平台。上合组织积极发挥成员国的战略对接平台作用，使经济合作进入新阶段，主要标志是打造产能合作、互联互通、金融合作、贸易合作"四大平台"。

在产能合作上，重点开展优质产能，成熟技术，工业产品生产和工程承包服务合作。主要措施是发展边境的跨界合作区，建立境外合作区，在海外建立中国工业园区。在互联互通上，主要以中亚地区为纽带，推动基础设施建设，其中，有四条通道通过中亚，为成员国打造新的经济增长点、改善民生奠定基础。在金融合作上，主要是扩大本币结算，为成员国扩大相互投资提供金融支持。以上合组织人民币区域化，推动人民币国际化。在贸易合作上，主要是推进贸易便利化、自由化，建立上合组织电子商务联盟等。2016 年上合组织在促进贸易投资、互联互通建设等区域经济合作方面取得了显著成果。

第一，制订上合组织区域经济合作"五年计划"。成员国通过了《上合组织成员国贸易便利化专业工作组章程》。总理会议批准《2017~2021年进一步推动项目合作的措施清单》。措施清单包括经贸、海关、质检、交通基础设施等 7 个领域共 38 项合作措施和项目。

第二，成员国相互贸易投资额逐步回升。2016 年中国与成员国进出口贸易额达 937 亿美元，同比增加 1.8%。成员国贸易结构得到优化，贸易方式不断创新，机电产品、高新技术产品和农产品成为新的贸易增长点。中国与成员国相互投资存量持续增长，一批产能和经济技术合作项目顺利实施。①

第三，贸易投资便利化机制建设得到进一步推进。成员国积极推动《上合组织国际道路运输便利化协定》尽快生效，制定《上海合作组织公路协调发展规划》草案。成员国经贸部长会议完成了贸易便利化工作组建章立制工作，以此为平台加强海关通关、检验检疫、物流运输、支付结算等全方位便利化措施，提升成员国营商环境和便利化水平。成员国积极推进跨境电子商务等创新贸易方式，各方就建立电子商务企业交流平台和不断完善区域融资机制达成重要共识。继续推进上合组织开发银行和上合组织发展基金成立。

第四，区域互联互通建设进展顺利。2016年中欧班列统一品牌标识正式启用，经中亚国家开行的中欧班列同比增长150%。中俄同江铁路桥工程两侧均已开工，预计2018年建成，中俄界河无跨江通道的历史正在改写。"中国西部—欧洲西部"国际运输走廊项目加快落实。中吉乌铁路前期研究继续推进。中国企业在乌兹别克斯坦和塔吉克斯坦承建的隧道相继贯通，促进区域内互联互通。

第五，上合组织自贸区可行性研究工作启动，推动上合组织区域一体化进程。中国商务部和欧亚经济联盟委员会签署了《关于正式启动协议谈判的联合声明》，之后就《中国与欧亚经济联盟经贸合作》开始磋商。

前几年，成员国在多边合作问题上的认识存在较大分歧，也因此导致上合组织开发银行、中吉乌铁路等多边合作项目进展缓慢。2013年以来，在"一带一路"倡议推动下，成员国在区域合作的认识上共识增加。区域内现在已经设立了数个多边合作项目，如中印缅蒙经济走廊、中巴经济走廊、中蒙俄经济走廊、中国中亚经济走廊等。其中，中巴经济走廊已启动，中蒙俄三方已经签署《建设中蒙俄经济走廊规划纲要》。可以说，重新启动中吉乌铁路等多边合作项目，标志着上合多边经济合作的真正"起航"。在多边项目合作基础上，推进上合组织一体化进程

---

① 中国海关月报统计，2016年12月。

和自贸区建设。俄罗斯学者认为，丝绸之路经济带与欧亚经济联盟可以在上合组织内部进行对接，而其他成员国也能够参与对接进程。例如，在欧亚经济联盟和中国之间建立自贸区，就此问题谈判的第一批文件已经通过，其他成员国可以通过上合组织加入这个自贸区①。此外，成员国还可以商谈其他方式建上合组织自贸区。

（四）人文合作

2016 年人文合作重点是教育、科技、环保合作。成员国元首峰会签署了《上海合作组织成立十五周年塔什干宣言》《〈上海合作组织至 2025 年发展战略〉2016～2020 年落实行动计划》等文件对人文合作提出了新目标。成员国政府首脑理事会上总理们强调，在文化、教育、科技、环保、卫生、体育、旅游领域开展双多边合作。

第一，文化合作。6 月上合组织成员国文化部长第十三次会议讨论了上合组织框架下文化艺术领域合作的发展情况，就上合组织成员国政府间文化合作协定和 15 年来历届文化部长会晤达成的共识的执行情况交换了意见。

第二，教育合作。上合组织教育合作专家会议分析了《〈上海合作组织成员国政府间教育合作协定〉2015～2016 年活动计划》的实施情况、完善上合组织大学法律基础文件的问题，审议《上海合作组织大学远期构想（至 2025 年）》，讨论了《上海合作组织成员国政府间关于建立和运营上海合作组织大学的协定》文本。之后，上合组织成员国教育部长第六次会议，讨论了国家教育系统发展和现代化，合作优先方向，履行关于落实上合组织成员国政府间教育合作协定的措施清单等问题。审议了上合组织《成员国关于建立和运行上海合作组织大学的政府间协议》草案，讨论了教育领域合作的一系列其他重要问题。

第三，科技合作。9 月上合组织成员国科技合作工作组会议讨论了发

① 专访：《上合组织在经济、安全领域合作不断深化——访莫斯科国际关系学院东亚及上合组织研究中心主任卢金》，新华社莫斯科，2016 年 11 月 2 日。

展上合组织框架内多边科技合作问题和第三次科技部长会议筹备事宜。讨论《〈上海合作组织成员国政府间科技合作协定〉落实措施计划》和《上合组织科技伙伴计划》草案。之后，成员国第三届科技部长会议讨论了上合组织框架内科技领域多边合作的问题，并就《上海合作组织成员国政府间科技合作协定》和15年来历届科技部长会议上达成的协议的执行情况交换了意见。成员国同意《〈上海合作组织成员国科技合作协定〉落实措施计划（2016～2020）》和《上海合作组织科技伙伴计划》的草案，并得到成员国政府首脑理事会会议批准。

第四，环保合作。习近平主席提出携手打造"绿色丝绸之路"为上合组织环保合作提出了新目标。2016年初，中国制定了《绿色丝路使者计划框架文件（2016～2020）》，并在5月召开的"上合组织环保信息共享平台与绿色丝路使者计划研讨会"上与各成员国交流意见。10月，成员国环保部门第八次专家会议讨论了《上合组织成员国环保合作构想》草案。

四 面临的新机遇

上合组织发展面临重大机遇的内部因素是，成立 15 年来上合组织已经积累了丰富经验，"上海精神"是其发展的独特源泉，中俄政治互信不断加强，"一带一路"倡议实施进入实质性阶段，扩员促进上合组织全面发展，中国倡议建立"人类命运共同体"等。发展机遇的外部因素是，美国战略收缩，西方主导的全球秩序影响力下降，发达经济体公共产品供给能力下降，新兴经济体发展动力依然强劲，改善民生等公共产品需求迫切。

（一）中俄政治互信增强，发展战略对接启动，为组织发展增添新动力

2016 年是上合组织成立 15 周年，也是中俄签署睦邻友好条约 15 周年，中俄元首共同发表联合声明，全面总结了《中俄睦邻友好合作条约》签署 15 年来中俄关系的发展成果，强调中俄将深化战略合作共同推动上合组织发展①。2016 年中俄元首和总理多次会晤及时就重大国际和地区问题加强协调与沟通。中俄海军等联合军演，中俄签署联合研制远程宽体客机等战略性大项目。

在当前新的国际形势下，中俄政治互信进一步深化的重要标志是中国"丝绸之路经济带"倡议与俄罗斯主导的"欧亚经济联盟"对接。在

---

① 《习近平主席与普京总统在出席〈中俄睦邻友好合作条约〉签署十五周年纪念大会，中俄双方签署〈中华人民共和国和俄罗斯联邦联合声明〉》，2016 年 6 月 27 日，新华社。

全球化受到阻力、区域合作"碎片化"显现、英国脱欧等背景下，中俄作为上合组织的"双引擎"共同推动印巴加入上合组织，是中俄政治互信的又一个巨大成果。俄罗斯支持中国的"一带一路"倡议，中国支持俄罗斯建立"欧亚全面伙伴关系"倡议，将有力推动上合组织扩员成功。推动中、俄、印三国在上合组织和金砖国家框架下开展积极的战略合作和良性互动，为上合组织未来发展增添新的动力。

（二）"一带一路"促进上合组织经济合作进入"快车道"

当前，已有100多个国家和国际组织表达了积极支持和参与"一带一路"的态度，我国已同40个国家和国际组织签署共建"一带一路"合作协议。其中，在丝绸之路经济带沿线区域，首批签署协议的国家都是上合组织的成员国或观察员国。现在，中俄实施"一带一盟"对接，中哈实施"丝绸之路经济带"与"光明大道"对接，中白共同建设中白工业园，中巴共同建设中巴经济走廊，这些重大项目的具体实施，标志着"一带一路"建设已经进入实质性阶段。成员国通过重点推动中亚、南亚国家的互联互通和贸易投资便利化，加强融资保障机制建设，产业科技园区建设，推进自由贸易区谈判，边境合作区谈判等，促进上合组织经济合作的务实成果成为"一带一路"建设的样板和示范，如中巴经济走廊、中哈霍尔果斯口岸、中白工业园等项目。在"一带一路"倡议推动下，上合组织的经济合作首次突破成员国从"项目合作"到全方位的"发展战略"对接，从"双边合作"到"多边合作"。

随着"一带一路"倡议不断深入实施，沿线国家的实质性合作成果越来越多，将促进上合组织区域的一体化进程，促进上合组织与周边相关地区一体化机制的合作。如与区域全面伙伴关系，东盟、欧盟等地区组织合作与对接。

（三）扩员促进上合组织全面发展与升级

经过15年的发展，上合组织已经成为比较成熟的国际组织，取得了巨大的成就并显示出强大的生命力。在新的国际形势下，扩员已经成为成员国应对各种挑战，推进组织发挥更大作用的有力举措。

印巴加入上合组织，不仅仅是增加 2 个成员的问题，它还将对现有成员结构和内部平衡带来实质性影响，将改变上合组织的地理特征。在上合组织现有的 6 个成员国中，除中国之外都是原苏联解体后独立的国家，有学者认为，上合组织是原苏联国家与中国合作的平台。随着印巴的加入，增加了 2 个非原苏联分离出的国家，这不仅改变了上合组织成员国以中亚国家为主的结构特征，而且这种改变具有一定的政治意义。印度和巴基斯坦是两个大国，特别是印度，其综合影响力仅次于中国和俄罗斯。这样两个大国的加入自然会影响到上合组织业已形成的内部结构，组织内部需要进行新的平衡。印巴的加入将改变人们对上合组织区域定位的传统印象，因为大半个南亚都将进入上合组织的区域，上合组织由此将向中亚、南亚、欧亚大陆的方向发展，有利于推进上合组织的全面发展。

2016 年印巴签署加入备忘录，进入法定程序，2017 年成为正式成员国。至此，上合组织成员从 6 个扩大为 8 个，这对于上合组织发展具有历史性的意义。

第一，印巴加入，从地域上看，从中亚扩展到南亚、西亚，从内陆扩展到印度洋；从人口看，成员国从占世界人口的 1/5，扩大到 2/5 以上；从经济实力看，成员国从占世界 GDP 的 16% 扩大到占 25%。从区域安全看，将实现从中亚地区安全稳定拓展到欧亚大陆腹地的安全稳定，对构建和谐地区及世界和平与发展将做出更大的贡献。从经贸合作前景看，扩员后上合组织在更大的空间内利用组织优势，发挥成员国的各自优势、合作互补、挖掘潜力，加快区域资源整合，推动成员国和整个区域经济的快速发展。俄罗斯是重工业和军事生产大国，中国是工业生产大国，印度是农业大国，各有生产和发展优势。俄罗斯、哈萨克斯坦是能源大国，而中国、印度是能源进口大国，能源合作具有地缘优势。成员国之间具有高度的市场互补性，合作潜力巨大。

第二，印巴加入，有利于在金砖国家机制下，进一步整合资源，使中、俄、印三国有机协调和良性互动，成员国扩大合作基础和范围，形成更大的经济发展空间，形成更广阔的"区域大市场"①。

第三，印巴加入，上合组织将拥有四个核国家，对于推动《核不扩散计划》，维护世界和平与发展具有重大战略意义。

第四，印巴加入，"一带一路"倡议将有望得到印度的支持，使沿线国家的战略对接更全面、更广泛，形成一个整体，有利于推动整个欧亚地区的经济一体化进程。

第五，印巴加入，有利于上合组织在国际事务中发挥更大的建设性作用，为建立公平、合理的世界政治经济新秩序做出更大的贡献。

（四）美国退出 TPP 背景下，中俄共同打造一体化空间，推进上合组织转型升级

从特朗普的个人经历、竞选承诺到入主白宫后的政策实施特点看，他在"美国优先"的理念之下，更是一个务实主义和现实主义者。从这个视角看，美国取消 TPP，并不意味着美国将退出领导全球的位置。

首先，美国仍然是当今世界经济实力、军事实力、科技水平和文化软实力最强的国家，中国尽管经济总量位居世界第二，但是，人均总量还很低。美国不可能在短期内把中国视为平等的伙伴。

其次，美国近十年来之所以国际地位逐步下降，主要是由于自"9·11"事件以后，反恐战争消耗美国财力。美国制造"阿拉伯之春"，在中亚推行其西方民主引发"颜色革命"不得人心。奥巴马政府实施"亚太再平衡"战略，以遏制中俄的发展，显示美国战略顾此失彼，其世界"霸主"地位在逐步下降，特朗普看到了这些问题，尤其是看到了美国制造业萎缩，失去了大量就业岗位等。因此，美国不愿意在维护世界政治经济秩序的霸主地位上再承担更多的责任。

最后，在战线收缩和务实主义理念的指导下，特朗普将针对世界主要大国开展双边合作与博弈，美国把中国作为竞争对手，因此，特朗普当选后即抛出否定"一个中国"原则的言论，几乎把中美关系的基础和

① 李进峰：《上海合作组织扩员：挑战与机遇》，《俄罗斯东欧中亚研究》2015 年第 6 期。

前提都否定了。特朗普尽管对普京总统有好感，但是，美国与俄罗斯的矛盾是结构性的，在短期内不可能有太多缓和。特朗普的政策充满不确定性，他甚至对欧盟的政策也进行了批评，未来乌克兰危机如何解除将是检验俄美关系转变的试金石。

在此背景下，中国和俄罗斯必须深化合作打造共同的安全与经济空间，在以周边为基础，巩固上合组织现有安全稳定区域前提下，积极稳妥推进扩员，把安全稳定的区域从中亚，扩展到南亚、西亚，使"中俄印"周边形成更大的"安全稳定带"。中俄共同推动"一带一盟"对接，推进上合组织深化务实合作，进而中俄共同推动"一带一路"倡议与"欧亚全面伙伴关系"协调发展。这个过程必然推动上合组织的不断发展壮大和升级转型。

（五）中国倡议建立"人类命运共同体"，助推上合组织发展进入新的机遇期

近几年，中国积极参与全球治理，尤其是"一带一路"倡议对促进国际社会的合作与发展产生积极影响。2016 年中国通过上合组织、金砖国家、G20 峰会等区域多边机制，积极参与全球治理，力求在国际政治经济秩序构建中发挥更大的作用。从 2016 年中国主办杭州 G20 峰会，到习近平主席参加达沃斯论坛，并就世界经济发展等议题提出中国建议和中国方案。中国领导人在上合组织峰会、金砖国家峰会等多个场合不断阐释中国和平发展的理念，中国"亲诚惠容"的周边外交政策，以及"一带一路"倡议的"共商、共建、共享"合作理念等。中国倡议建立"人类命运共同体"，是对"上海精神"和"丝路精神"的拓展，同时，也为上合组织区域一体化发展指明了新的方向。世界各国人民要实现未来宏大的"人类命运共同体"目标，对于欧亚大陆区域来讲，这意味着：

第一，要从上合组织区域内建立"利益共同体"和"命运共同体"起航。因为上合组织成员国、观察员国和对话伙伴国的利益诉求更接近。

第二，上合组织通过扩员，开拓更加广阔的区域合作空间，打造欧亚大陆腹地的安全稳定区域，形成新的区域合作大市场，进而打造"一

带一路"区域的"利益共同体"和"命运共同体"。

第三，扩员后的上合组织，将积极与东盟、欧亚经济联盟等组织开展合作，探索"区域全面经济伙伴关系"（RCEP）与"欧亚全面伙伴关系"的协调发展途径，打造欧亚经济统一空间和"欧亚命运共同体"，为打造"亚洲命运共同体"乃至"人类命运共同体"奠定基础。

五 面临的新挑战

上合组织面临的新挑战主要是，组织内部自身发展的问题，如中俄对上合组织定位的战略差异、组织自身融资平台长期缺失、扩员带来的新问题和风险等。外部面临的重要挑战包括极端组织"伊斯兰国"威胁，中东、阿富汗等周边地区国家安全局势动荡，美国等域外大国干扰等问题。

（一）政治互信仍需加强

上合组织的"双引擎"中俄面临自身问题和中俄的战略互信问题。中国外交战略在转型，以提出"一带一路"倡议为标志，中国奋发有为的大国外交战略已经显现。但是，中国首先要解决好自身的改革发展问题，如深化经济改革推进经济转型、治理环境污染、不断进行制度创新为改革增添新动力等。俄罗斯外交战略在调整，俄罗斯复兴大国地位的战略已经显现。但是，俄罗斯首先需要解决好自身的几个问题，如化解乌克兰危机、缓和俄美关系、推进经济结构调整和发展方式转变、摆脱单一经济模式等。在此基础上，中国与俄罗斯需要进一步深化全面战略协作伙伴关系，增强政治互信，共同推进上合组织扩员与发展。

中俄对上合组织的功能和定位方面存在差异，中俄应在求同存异基础上寻求利益共同点。如在扩员问题上，中俄应该减少互疑，防止美国等西方国家离间中俄关系，支持中国妥善处理中印、印巴关系，促成中、俄、印形成良性互动机制，才能推动扩员成功。中亚学者认为，中俄共同签署的"一带一盟"对接联合声明，是中俄双方利益博弈的结果，是双方妥协的结果，"一带一盟"对接能落实到什么程度，还有待观察。鉴于此，在经济合作问题上，中俄应切实落实"一带一盟"对接，防止出现已签署协议落空的尴尬情况。比如2009年中俄元首批准的中俄地区合作纲要，涉及127个项目，最终落实的项目寥寥无几。又如，从2003年开始中国提出自贸区建设思路，之后区域经济合作尤其是多边合作磕磕绊绊、进展缓慢，上合组织也一直没有建立起自身的银行或基金，这除了一些客观因素外，更多的是主观因素。一些学者认为，俄罗斯担心中国强大的经济实力，俄罗斯对上合组织开展多边经济合作态度并不积极，因为俄罗斯有主导建立的欧亚经济联盟，更希望上合组织扮演一个地缘政治工具的角色，而不希望其在经济上有更多的作为，以免影响俄罗斯在整个地区的战略布局。

随着扩员的推进，中俄之间的内部竞争将会削弱或化解。扩员后上合组织区域扩大，市场空间扩大，更有利于中国和俄罗斯发展经济。扩员后上合组织从以中亚为中心拓展为以欧亚大陆腹地为中心，可以避免中俄在中亚的竞争。

（二）自身融资机制缺失制约组织发展

自2003年中国首次提出建立上合组织自贸区设想以来，建立上合组织开发银行和上合组织发展基金问题一直是成员国关心的问题。但是，由于中国提出的这个设想，俄罗斯方面有不同的看法，融资机制一直没有建立起来。2013年，中国提出"一带一路"倡议，为上合组织经济合作增添了新动力。2015年，亚洲基础设施建设银行和丝路基金成立，对上合组织融资机制的建立树立了样板。

近年来，之所以上合组织多边合作项目少，一个重要的因素是上合组织区域缺乏自身的融资机制。为了弥补这个缺陷，中国只能采用单方面为其他成员国提供优惠贷款等形式的融资支持。在"一带一路"建设进入实质性阶段，丝绸之路经济带与沿线国家的发展战略对接已经进入务实推进的背景下，上合组织的融资机制不能尽快建立，对上合组织作为"一带一盟"对接平台的作用发挥将是一个重大障碍。

习近平主席在 2016 年上合组织峰会指出："我们应该在照顾各方利益和关切基础上，探讨在贸易和投资领域开展更广泛和更高层次合作，相互提供最惠国待遇，推进区域经济一体化进程，构筑本地区统一经贸、投资、物流空间。"[①] 2016 年，成员国政府首脑理事会决定，启动上合组织融资机制建立的可行性研究工作。成员国相信亚投行的成功运作，将对上合组织开发银行建立起到一定启示作用。由此可见，成立上合组织开发银行和上合组织发展基金不能再犹豫或等待。

（三）扩员带来新挑战

扩员是组织发展的重大机遇，同时，扩员也面临一些重大挑战。例如，如何增强新成员国与现成员国之间政治互信，如何妥善解决成员国之间历史遗留的边界问题，如何克服域外大国的制约和干扰，如何增强对成员国具有吸引力的软实力。

第一，印巴加入后，最大的挑战和不确定因素是印度以及印巴之间的矛盾问题。有学者认为，印巴加入后必然会把矛盾和问题带到上合组织。解决印巴矛盾，可能会导致中俄之间产生分歧，如果俄支持印，中亚四个成员国支持俄，或在中俄之间选边站队，中国的作用会下降。在安全合作方面，由于印巴两国对一些恐怖分子的看法不一致，难以形成共识。有学者认为，印度是一个独立的国家，也是亲西方国家，印度对中国发展存在戒心，加入上合组织后，印度能否认可并遵守"上海精神"，有待今后的实践检验。

第二，印巴加入后，上合组织的决策方式"协调一致"原则将会受到挑战。可能导致一些议题无法达成一致意见，组织决策效率会降低，今后上合组织的联合声明将更难发出。成员国增加，问题和矛盾增多，上合组织的论坛化可能性就越大。鉴于此，需要适当调整决策机制。上

---

① 《习近平主席在上海合作组织成员国元首理事会第十六次会议上发表重要讲话，〈弘扬上海精神、巩固团结互信，全面深化上海合作组织合作〉》，2016 年 6 月 24 日，新华社。

合组织现有机制是"协商一致"原则，是在中俄共同支持和协调下的运作机制。

第三，区域扩大，责任扩大，需要组织有更大的掌控能力。"上海精神"是凝聚新成员的旗帜，上合宪章和睦邻友好合作条约等制度是新成员融入上合组织的法律基础。解决好印巴之间的矛盾和问题，解决好印巴与现有成员国的边境等问题是建立成员国政治互信的基础。在此基础上，扩员后的上合组织的掌控能力才能保持和加强。如果新成员国之间遗留矛盾不能及时解决，新成员国与现有成员国不能建立睦邻友好合作关系，扩员后的上合组织必然会受到这些矛盾和问题的影响，组织的掌控能力就会面临挑战。

第四，区域人口扩大，需要更好地发展经济，改善民生。印巴加入后，上合组织将成为世界人口最多的国际组织之一，发展经济改善民生，为成员国人民增加福祉，将成为上合组织的重要任务。尤其是印度，尽管近年来经济发展速度持续在7%左右，但是，印度是农业大国，城镇化率不足40%，贫困人口超过3亿人，占世界总贫困人口数量的30%以上，中国还有6000多万人正在脱贫，成员国改善民生任务艰巨。

第五，成员国增多，对世界政治经济秩序影响力增大，也需要承担更大的国际责任。前些年，一些欧美的媒体认为，中俄联合用上合组织与西方的秩序抗衡，这是对上合组织定位的误解和曲解，因此，可以预见，印巴加入后，西方国家对上合组织的关注、警惕和顾虑会增多。实际上，上合组织是现有国际政治经济秩序的有益支持者、完善者和积极的改革推动者，而不是破坏者。扩员后，一方面，上合组织的国际话语权将提升，对发展中国家有利，对新兴经济体发展有利；另一方面，上合组织的影响力逐步增大，会受到西方媒体的更多关注，甚至出现一些负面评价。上合组织需要承担更多的国际责任，尤其是在保障地区安全、维护世界和平以及推动公平合理的世界政治经济秩序构建方面。

印巴加入后，如何发挥印度的作用是检验扩员后决策效率的主要方面。可能出现以下三种情况。

第一种情况，是在扩员后的近两年，仍然沿用中俄主要协调的惯例，印度只是作为一个成员国来平等对待。

第二种情况，是印度加入后，继续保持其地区大国和独立自主的多边外交风格，中俄协调对印度影响有限，印度有可能不配合中俄的协调立场，这样可能导致上合组织决策效率降低。在这方面东盟扩员是有教训的，如在 1995 年东盟第二次扩员后，越南在加入东盟的进程中认为自己是特殊国家，对"东盟方式"的两个主要原则提出挑战，几年后才实现和解①。

第三种情况，是在中俄协调的基础上，在短期内找到中俄印良性互动的合作机制，在中俄印三国协调机制下，形成新的上合组织决策机制。另外，哈萨克斯坦作为中亚大国地位和作用也很重要，在组织中的作用不可低估。

以上所述第三种是比较理想的情况。但要形成这种良性协调机制要面临许多机制改革的挑战。比如，对"协商一致"原则的微调，能否对重大问题采取"协商一致"原则，而对一般问题采取"简单多数"的决策原则。对"平等票决"的原则微调，能否按照缴纳会费比重确定成员国决策的权重等。

2016 年英国公投"脱欧"，意大利修宪失败，法国等反对欧盟的声音日渐高涨，欧盟"一体化"进程似乎走到了尽头。在这逆"一体化"背景下，上合组织扩员进程应该更加谨慎与务实，不可沽名钓誉。必须坚持"上海精神"、上合组织章程以及有关扩员的原则和法律制度等。

在扩员问题上，应适当汲取东盟扩员和欧盟扩员的经验和教训。应该坚持只有真正认同并遵守"上海精神"的国家才能加入上合组织，新成员国还应必须遵循《上海合作组织成员国长期睦邻友好合作条约》，根据条约规定，一个成员国不得允许在本国领土上成立损害其他缔约国安全和领土完整的组织或团伙，并要禁止其活动。

在扩员进程中，如果不能妥善处理相关问题，可能会出现两种情况：一是上合组织扩员后将变成松散的"俱乐部"，任何重大决策都不能达成一致意见，做出决定。二是上合组织扩员后能就有关问题达成一致的意

① 李进峰：《上合组织扩员与东盟扩员比较借鉴》，《俄罗斯学刊》2016 年第 3 期。

见，但是，决策时间太长，时效性差，导致组织的凝聚力、吸引力降低，地区影响力下降。

（四）"伊斯兰国"等恐怖组织对上合组织的威胁加大

2016 年是"9·11"事件 15 周年，国际反恐行动也持续了十多年，但是，恐怖主义并没有被铲除，仍在全球肆虐，尤其是在中东、阿富汗和巴基斯坦、尼日利亚及周边地区依然猖獗。由于国际社会的反恐行动往往与大国博弈、地缘政治、教派与民族冲突等利益问题纠缠在一起，削弱了国际反恐合作的实际效果。国际社会多个层面的反恐阵营界限分明，参与打击恐怖主义的国家各怀心思，甚至存在"双重标准"，难以形成反恐合力，铲除"伊斯兰国"等极端势力的反恐目标仍然任重道远。

恐怖组织"伊斯兰国"和"努斯拉阵线"等在阿富汗地区、中东、北非，包括叙利亚和伊拉克等国家境内占领许多地区并不断招募其他国家公民参与武装冲突和恐怖袭击，导致大量平民伤亡，如比利时首都布鲁塞尔的机场爆炸事件，法国尼斯发生的卡车冲撞人群恶性事件，德国爆发的火车上的难民砍人事件以及慕尼黑枪击事件等。从巴黎到布鲁塞尔，从伊斯坦布尔到尼斯，欧洲大陆已经成为恐怖主义袭击的新目标，使地区和国际安全局势面临严重威胁。"伊斯兰国""基地""博科圣地"的威胁最为突出，尤其是"伊斯兰国"在伊拉克和叙利亚渐成颓势之后，加速向其他战乱地区渗透，阿富汗东部、叙利亚、利比亚有可能成为"伊斯兰国"的新根据地。

目前，"伊斯兰国"通过大肆宣传来吸引更多的极端分子加入，其中也包括来自上合组织成员国的公民。这些人不仅在"伊斯兰国"接受了极端思想的鼓动，而且还在叙利亚和伊拉克参加过战斗，他们的返回将给上合组织地区安全构成巨大威胁。根据中亚各国官方发布的数据，2016 年中亚五国在中东参加"圣战"的人数在 2000 人以上。随着"伊斯兰国"在中东的生存空间受到挤压，恐怖分子向中亚地区回流的可能性增大。

现在，已发现一些从中东地区回流的恐怖分子企图在中亚制造恐怖事件。5 月，塔吉克斯坦抓获一批恐怖分子，他们策划在塔发动恐袭。另外，"伊斯兰国"的极端暴恐思想也刺激了中亚本土的恐怖分子跃跃欲试。6 月初，恐怖分子在哈萨克斯坦制造了令人震惊的"阿克托别事件"，据成员国安全部门证实，这些恐怖分子得到来自外国的指令。8 月，中国驻吉尔吉斯斯坦大使馆遭恐怖袭击。12 月，俄罗斯驻土耳其大使卡尔洛夫遭枪杀。中亚的恐怖极端势力以及极端组织"伊斯兰国"的渗透，严重威胁成员国的安全与社会稳定。2016 年极端组织恐怖活动的新特点：一是利用网络对青年人加强洗脑、宣传，导致青年人冲动、激情犯罪是一大特征；二是恐怖主义与宗教极端思想关联，极端宗教思想是产生恐怖主义的主要根源；三是自杀式袭击增多。

（五）中东及阿富汗局势对上合组织影响持续加深

自 2013 年叙利亚危机发生以来，尽管俄罗斯联合相关国家组成新的反恐联盟打击恐怖势力，但由于美国反恐的"双重标准"，使叙利亚的反恐成效大打折扣。2016 年叙利亚等中东国家流离失所的平民越来越多，这些难民不断涌向周边国家避难，一些恐怖分子乘机混入，对成员国安全稳定构成威胁。

从长远看，如果中东没有和平与稳定，无论是中国的"一带一路"倡议，还是俄罗斯的"欧亚全面伙伴关系"计划，都难以成功实施。中东的恐怖主义、极端主义外溢，更会直接威胁上合组织成员国的安全。

与此同时，阿富汗的影响也不容小觑。阿富汗面临恐怖主义、毒品、内战、和平重建"四大问题"，阿富汗安全局势及和平重建是上合组织成员国一直关切的重大问题。2016 年阿富汗武装冲突和恐怖袭击造成的平民伤亡人数再创历年新高达到 1.15 万人。阿富汗的武装冲突和恐怖组织的活动外溢，是引发周边成员国不安全、不稳定的重要源头。阿富汗北部地区安全形势显著恶化，影响中亚国家稳定。塔利班及一些国际恐怖分子在阿富汗北部的影响扩大，他们在阿富汗 - 塔吉克斯坦边界和阿富汗 - 土库曼斯坦边境集结，对中亚国家构成严重的边防压力，各国边防军与阿富汗武装分子的交火频率明显上升。

2016 年上合组织就阿富汗问题以及如何应对其面临的安全局势进行了深入讨论。阿富汗作为观察员国积极参与"一带一路"建设，尽管中国与阿富汗之间的边境线并不长，但是，阿富汗地处要道，极端主义从阿富汗向外溢出将威胁成员国安全及"一带一路"的互联互通建设。近年来，随着北约军队撤离阿富汗，一些阿富汗境内叛乱分子曾投降改用"伊斯兰国"组织的旗帜，表明自己是一支更致命的力量。塔利班已经警告"伊斯兰国"领导人，不要再引发阿富汗新的叛乱，此前，已经有塔利班人员叛逃加入"伊斯兰国"。

（六）美、日等域外大国对上合组织的威胁与挑战

自"9·11"事件以来，美国加紧国际反恐行动，在中亚地区部署军队，借反恐之名，美国在中亚输出"西方式民主"。美国的人权与民主政治曾经在中亚引发"颜色革命"，引起中亚国家的警惕与反感。2005 年上合组织针对美国在中亚部署的两个军事基地，提出限期让美国军队撤离的决定①。此后，美国对中亚的影响力削弱。2012 年后，美国开始实施所谓的"大中亚"计划，试图构建美国与中亚国家合作的新机制。2015 年美国国务卿克里访问中亚五国，此后，这种碰头会被确认为"C5 + 1"（中亚五国 + 美国）机制。实际上，这种机制是美国中亚战略发生重大调整的标志，因为之前美国在中亚搞"颜色革命"遭中亚国家排斥后，被"边缘化"的美国策划"重返中亚"，中亚再度成为美国关注的重点。2016 年 3 月，克里为到访的中亚五国外长准备了丰富的议题，六国外长一起探讨了 21 世纪中亚的发展问题。美国以此机制试图削弱中俄以及上合组织在中亚的影响力。

近几年，在美国加强对中亚国家合作的同时，日本也加强了在中亚的存在。日本从 2015 年与中亚国家开始建立"C5 + 1"机制合作，2016

---

① Matthew Crosston, "The Pluto of International Organization: Micro-Agendas, IOTheory, and Dismissing the Shanghai Cooperation Organization", *Comparative Strategy*, No. 9, Jul. 2013, pp. 283 – 294. Marcel de Hcas, "Time for the EU and NATO to engage with the Shanghai Cooperation Organization", *Europe's World*, Autumn 2008, pp. 43 – 46.

年召开了第二届日本与中亚五国会议。日本一直以来把自己视为西方国家阵营，日美同盟的主要目标是遏制中俄。日本与美国对中国西部安全问题插手，对俄罗斯传统势力范围干预，已经引起上合组织的"双引擎"中俄的高度警惕。另外，印度已经签订加入上合组织的备忘录，但是，美国和日本仍然不断采取措施拉拢印度，试图削弱中印关系、俄印关系。近年来，尽管美印也在扩展关系，但是，中印关系仍有信心。主要因为印度奉行独立自主的外交政策，不对其他国家做出战略承诺。印度向来谨慎处理与中美两国的分歧，如南海问题等。美国和日本在中亚的存在，美国和日本对印度不断拉拢的行为，对上合组织发展是重大挑战。

六 上海合作组织未来工作展望

2017 年是《上海合作组织宪章》颁布 15 周年,《上海合作组织成员国长期睦邻友好合作条约》签署 10 周年。面临新的国际形势、新的机遇与挑战,上合组织发展将进入一个新的阶段。成员国需要继续坚持"上海精神",坚持新的合作理念和发展理念,共建欧亚"命运共同体";以"一带一路"倡议的重大机遇推动经贸领域合作取得突破性进展,建成一批示范项目引领后来者发展;促进上合组织在安全、经济和人文等多个领域、多个层次的全方位发展;积极稳妥推进扩员和扩员后的工作;在国际舞台上继续坚定不移维护成员国的核心利益,扩大合作的社会基础。

(一)继续坚持安全优先

2017 年地区安全形势出现一些新情况、新趋势、新挑战。在继续加强对"三股势力"打击的基础上,成员国应该重点在切断恐怖活动的资金来源以及打击通过互联网传播恐怖主义和极端主义方面加强合作。中俄共同推动的"一带一盟"对接,以及"丝绸之路经济带"与沿线国家的发展战略对接,是一个长期的建设过程,开展基础设施项目建设等经济合作没有安全稳定的外部环境是无法顺利推进的。

(二)积极稳妥推进扩员打造上海合作组织"升级版"

2017 年对上合组织是具有重大意义的一年,扩员是重大机遇,同时,也面临严峻的挑战，如何变挑战为机遇，需要中俄深度战略协调，需要成员国凝聚"上海精神"，团结一致，增强互信，共同解决新问题、建立新机制、适应新变化。

印巴加入上合组织，扩员是否成功至少应该有"五个评判标准"：第一，上合组织的凝聚力应该得到加强，影响力上升，而不是下降；第二，上合组织的决策效率应该保持正常，而不是效率降低；第三，上合组织内部成员国之间因边界等问题纠纷将逐步减少，而不是增加；第四，国际社会对上合组织越来越重视和关注，而不是关注越来越少；第五，上合组织对建立公平合理的世界政治经济新秩序的作用应该不断增加，而不是减少。

要实现上述"五个评判标准"，建议要重点落实好"六个协调"，并在"六个协调"成功的基础上，成员国应该推进上合组织发展进入新的机遇期，共同打造上合组织的"升级版"。

第一，中俄战略互信与协调。发挥俄罗斯的作用，加强中俄战略协调，促进俄印、中印、印巴之间互信，同时，也要防止俄罗斯拉近印度，施压中亚国家，在上合组织框架内形成"亚集团"。在中俄战略协调的基础上，上合组织扩员必须首先与中国发展战略和国家利益相结合，因为俄罗斯在本地区还有其他合作机制，上合组织扩员后发挥中国作用、扩大中国的影响力是首要问题。

第二，中俄与其他成员国的战略互信与协调。积极做好中亚国家工作，通过"丝绸之路经济带"与中亚国家发展战略对接，促进中亚国家经济发展，改善民生，使中亚四国与中国取得更多的共识。

第三，中俄印三国战略互信与协调。中俄应积极与印度开展平等对话与沟通，促进中国"一带一路"倡议得到印度的实质性支持，争取"一带一路"倡议与印度的相关经济发展战略对接。

第四，印巴双方的战略互信与协调。

第五，上合组织与联合国相关机构的协调。

第六，上合组织与欧美等西方国家的战略对话、沟通与交流。

上合组织的"升级版"标准是什么？它应该不仅仅体现在成员国增加和区域面积的扩大等量的方面，更重要的是体现在组织的决策能力、维护地区安全稳定能力、构建国际政治经济新秩序影响力等质的方面。建议可以从五个方面考虑:一是人口增加,成员国从占世界人口比例的1/5 提升到2/5 以上;二是地域扩展,成员国从中亚拓展到欧亚大陆腹地;三是注重内部的政治安全经济合作到既注重内部的政治安全经济合作,又努力应对外部的威胁与风险,如防范"颜色革命",维护成员国主权;四是从中亚区域安全稳定,到欧亚大陆区域安全稳定;五是从推动地区和谐安全稳定到推动公平合理的世界政治经济新秩序构建。

(三) 推动经济务实合作进入"快车道"

中国"一带一路"倡议促进中俄实施"一带一盟"对接,带动"丝绸之路经济带"与沿线国家发展战略对接,极大地推进了上合组织的区域经济务实合作,促进了上合组织的多边合作。能不能借助"一带一路"建设的历史性机遇,推进上合组织的经济务实合作进入"快车道",是未来上合组织发展的一个重点方向。

现在,上合组织已经具备了经济务实合作进入"快车道"发展的资源和条件:

一是从资源条件看,上合组织成立 15 年已经具备完善的法律制度,储备了政策资源;成员国具有石油、天然气、矿产等能源储备,具备了自然资源;成员国与联合国、独联体、东盟等国际和地区组织建立了密切联系与合作,具备了一定的国际社会资源。

二是从技术支撑看,成员国属于发展中国家、新兴经济体国家,在"一带一盟"战略对接和"丝绸之路经济带"与沿线国家战略对接基础上,通过产能合作等措施,工业生产能力将得到提高,技术装备水平将大大提升,科技创新对国家经济的贡献率在逐步提升。

三是从合作方式看,成员国从项目合作向发展战略对接转变,必然推动成员国从双边合作向多边合作延伸,进而推进区域一体化进程。

在此背景下,成员国需要利用现有的资源优势和技术优势,解决制约当前的发展问题。

一是制定沿线各国的发展战略与"丝绸之路经济带"对接的系统规

划和重点项目。

二是沿线国家发展战略的对接要能够解决沿线国家的经济结构优化调整问题，切实推进沿线国家经济发展方式转变。

三是沿线国家的发展战略对接，要切实解决沿线国家的经济可持续发展问题和改善民生问题，能够让成员国人民感受到实实在在的福祉增加。

为此，上合组织的经济合作应重点推进三项工作。

第一，进一步推进贸易便利化的进程，加快推进《成员国政府间国际道路交通便利化协定》生效，加快成员国过境能力建设。共同研究推进上合组织的自由贸易区的谈判与建设问题。

第二，明确区域投资的原则和条件，扩大在投资领域的制度性安排，释放成员国之间投资潜力。

第三，推动上合组织金融合作，尽快建立上合组织开发银行和上合组织发展基金。

（四）改进组织现有的决策机制

为适应印巴加入后的新情况、新环境，建议适当改进现有的决策原则和机制，保持组织的决策效率不降低。

一是解决好现有成员国与新成员国的边界等矛盾和问题协调工作。

二是适当调整上合组织的决策方式，建议采取"协商一致"原则和"简单多数"原则相结合。比如，对"协商一致"原则进行微调，能否就重大问题采取"协商一致"原则，而对一般问题采取"简单多数"的决策原则，以保证组织决策的科学性、原则性并兼顾组织的决策效率。

三是适当调整"平等"原则，建议对"平等票决"的原则进行微调，如能否按照缴纳会费比重确定成员国决策的权重等，以保证组织决策的科学性、原则性并兼顾组织的决策效率。

（五）加强与联合国、相关地区组织的联系与合作

在英国脱欧、美国退出 TPP、全球化与一体化受阻形势下，国际社会必将对区域全面伙伴协定（RCEP）和亚太自由贸易区（FTAAP）更加关注并有所期待。通过上合组织扩员，应加强与联合国、独联体、东盟等国际组织合作，在构建更加公平合理的世界政治经济新秩序方面发挥更大的作用。

附　录

（一）上海合作组织成员国总体 GDP 情况

附表 1　上海合作组织 8 国及世界 GDP 情况（2001~2016 年）

单位：10 亿美元

国家	2001	2002	2003	2004	2005	2006	2007	2008
中国	1344.084	1477.506	1671.068	1966.246	2308.821	2774.271	3571.65	4604.729
俄罗斯	329.407	371.213	462.332	634.999	820.568	1063.64	1396.475	1784.514
哈萨克斯坦	22.153	24.637	30.834	43.152	57.125	81.003	104.85	133.441
乌兹别克斯坦	11.632	9.657	10.129	12.001	14.31	17.027	22.307	28.605
吉尔吉斯斯坦	1.526	1.638	1.919	2.215	2.46	2.837	3.807	5.133
塔吉克斯坦	1.057	1.212	1.555	2.073	2.311	2.811	3.712	5.135
6 国总计	1709.859	1885.863	2177.837	2660.686	3205.595	3941.589	5102.801	6561.557
印度*	493.934	523.768	618.369	721.589	834.218	949.118	1238.7	1224.096
巴基斯坦*	77.933	77.937	89.689	105.607	118.475	137.236	152.369	170.853
8 国总计	2281.726	2487.568	2885.895	3487.882	4158.288	5027.943	6493.87	7956.506
世界	33417.523	34555.941	38827.053	43707.365	47325.751	51255.965	57858.918	63421.568
国家	2009	2010	2011	2012	2013	2014	2015	2016
中国	5121.992	6066.212	7522.155	8570.28	9635.207	10557.636	11181.556	11391.619
俄罗斯	1313.681	1638.463	2031.768	2170.145	2230.624	2030.973	1326.016	1267.754
哈萨克斯坦	115.309	148.047	200.379	215.902	243.775	227.437	184.361	128.109
乌兹别克斯坦	33.461	38.963	45.418	51.185	57.17	63.179	65.503	66.797
吉尔吉斯斯坦	4.683	4.806	6.198	6.605	7.333	7.465	6.65	5.794
塔吉克斯坦	4.977	5.642	6.523	7.592	8.506	9.242	7.816	6.612
6 国总计	6594.103	7902.133	9812.441	11021.709	12182.615	12895.932	12771.902	12866.685
印度*	1365.373	1708.46	1822.992	1828.984	1863.207	2042.56	2073.002	2250.987
巴基斯坦*	167.875	177.166	213.588	224.384	231.218	244.361	271.05	271.05
8 国总计	8127.351	9787.759	11849.021	13075.077	14277.04	15182.853	15115.954	15388.722
世界	60048.384	65643.256	72769.151	74092.289	76074.817	78041.684	73598.823	75212.696

注：印度、巴基斯坦 2016 年加入上海合作组织已进入法律程序。

附表 2　上海合作组织 8 国 GDP 占世界份额（2001～2016 年）

单位：%

国家	2001	2002	2003	2004	2005	2006	2007	2008
中国	4.022093439	4.275693143	4.303875445	4.49866058	4.878572344	5.412581736	6.173032824	7.260509548
俄罗斯	0.985731348	1.074237857	1.19074708	1.452842101	1.733872115	2.075153594	2.413586441	2.81373365
哈萨克斯坦	0.066291568	0.071295989	0.079413702	0.098729356	0.120705956	0.15803624	0.181216662	0.210403186
乌兹别克斯坦	0.034808086	0.027945991	0.026087481	0.027457615	0.030237238	0.033219548	0.038554126	0.045102953
吉尔吉斯斯坦	0.004566467	0.00474014	0.00494243	0.0050677796	0.005198016	0.005534966	0.006579798	0.008093461
塔吉克斯坦	0.003163011	0.003507356	0.00400494	0.004742908	0.004883177	0.00548424	0.006415606	0.008096615
6 国总计	5.116653918	5.457420477	5.609071077	6.087500356	6.773468846	7.690010324	8.819385458	10.34593941
印度	1.478068856	1.515710424	1.592624091	1.650955165	1.762714764	1.851722039	2.140897277	1.930094191
巴基斯坦	0.233209984	0.225538642	0.230996156	0.241622894	0.250339398	0.267746398	0.263345747	0.269392583
8 国总计	6.827932759	7.198669543	7.432691325	7.980078415	8.786523007	9.80947876	11.22362848	12.54542619

国家	2009	2010	2011	2012	2013	2014	2015	2016
中国	8.529774923	9.241180846	10.3370108	11.56703365	12.66543566	13.52820116	15.19257448	15.14587245
俄罗斯	2.187704169	2.496011167	2.792073251	2.928975511	2.932145075	2.602420778	1.801680986	1.685558513
哈萨克斯坦	0.192026816	0.225532688	0.275362564	0.291396045	0.320441126	0.291430154	0.250494495	0.170328956
乌兹别克斯坦	0.055723398	0.059355679	0.06241381	0.069082762	0.075149704	0.080955455	0.089000065	0.088810804
吉尔吉斯斯坦	0.007798711	0.007321392	0.008517345	0.008914558	0.009639195	0.009565401	0.009035471	0.007703487
塔吉克斯坦	0.008288316	0.008594942	0.008963963	0.01024668	0.011181098	0.011842389	0.010619735	0.008791069
6 国总计	10.98131633	12.03799671	13.48434174	14.87564921	16.01399186	16.52441534	17.35340523	17.10706528
印度	2.273788084	2.602643598	2.505171457	2.468521387	2.449177104	2.617267972	2.816623847	2.992828498
巴基斯坦	0.279566224	0.269892158	0.293514487	0.30284393	0.303935007	0.313116001	0.368280346	0.360377987
8 国总计	13.53467064	14.91053247	16.28302768	17.64701452	18.76710397	19.45479931	20.53830942	20.46027176

附表 3　上海合作组织各国及世界经济增量（2001～2016 年）

单位：10 亿美元

国家	2001	2002	2003	2004	2005	2006	2007	2008
中国	129.151	133.422	193.562	295.178	342.575	465.45	797.379	1033.079
俄罗斯	50.374	41.806	91.119	172.667	185.569	243.072	332.835	388.039
哈萨克斯坦	3.861	2.484	6.197	12.318	13.973	23.878	23.847	28.591
乌兹别克斯坦	-2.085	-1.975	0.472	1.872	2.309	2.717	5.28	6.298
吉尔吉斯斯坦	0.158	0.112	0.281	0.296	0.245	0.377	0.97	1.326
塔吉克斯坦	0.066	0.155	0.343	0.518	0.238	0.5	0.901	1.423
6 国总计	181.525	176.004	291.974	482.849	544.909	735.994	1161.212	1458.756
印度	17.298	29.834	94.601	103.22	112.629	114.9	289.582	-14.604
巴基斯坦	-1.772	0.004	11.752	15.918	12.868	18.761	15.133	18.484
8 国总计	197.051	205.842	398.327	601.987	670.406	869.655	1465.927	1462.636
世界	-237.311	1138.418	4271.112	4880.312	3618.386	3930.214	6602.953	5562.65

续表

国家	2009	2010	2011	2012	2013	2014	2015	2016
中国	517.263	944.22	1455.943	1048.125	1064.927	922.429	623.92	210.063
俄罗斯	-470.833	324.782	393.305	138.377	60.479	-199.651	-704.957	-58.262
哈萨克斯坦	-18.132	32.738	52.332	15.523	27.873	-16.338	-43.076	-56.252
乌兹别克斯坦	4.856	5.502	6.455	5.767	5.985	6.009	2.324	1.294
吉尔吉斯斯坦	-0.45	0.123	1.392	0.407	0.728	0.132	-0.815	-0.856
塔吉克斯坦	-0.158	0.665	0.881	1.069	0.914	0.736	-1.426	-1.204
6国总计	32.546	1308.03	1910.308	1209.268	1160.906	713.317	-124.03	94.783
印度	141.277	343.087	114.532	5.992	34.223	179.353	30.442	177.985
巴基斯坦	-2.978	9.291	36.422	10.796	6.834	13.143	26.689	0
8国总计	170.845	1660.408	2061.262	1226.056	1201.963	905.813	-66.899	272.768
世界	-3373.184	5594.872	7125.895	1323.138	1982.528	1966.867	-4442.861	1613.873

附表4　上海合作组织各国占世界经济增量份额（2001～2016年）

单位：%

国家	2001	2002	2003	2004	2005	2006	2007	2008
中国	-54.42267741	11.71994821	4.531887714	6.048342811	9.467618988	11.84286657	12.07609686	18.57170593
俄罗斯	-21.22699748	3.672289089	2.133378848	3.538031995	5.128502045	6.184701393	5.040699214	6.975793911
哈萨克斯坦	-1.626978943	0.218197534	0.145091021	0.252401896	0.38616665	0.607549614	0.361156592	0.513981645
乌兹别克斯坦	0.878593913	-0.173486364	0.011050986	0.038358203	0.063812982	0.069131096	0.079964222	0.113219419
吉尔吉斯斯坦	-0.066579299	0.009838214	0.006579083	0.006065186	0.006770975	0.009592353	0.014690397	0.023837559
塔吉克斯坦	-0.027811606	0.013615386	0.008030696	0.010614075	0.006577518	0.012721954	0.01364541	0.025581333
6国总计	-76.49245083	15.46040207	6.836018348	9.893814166	15.05944916	18.72656298	17.5862527	26.2241198
印度	-7.289169065	2.620654276	2.214903285	2.115028711	3.112686153	2.923504929	4.385643817	-0.262536741
巴基斯坦	0.746699479	0.000351365	0.275150827	0.326167671	0.355628172	0.477353142	0.229185336	0.332287669
8国总计	-83.03492042	18.08140771	9.326072461	12.33501055	18.52776348	22.12742105	22.20108185	26.29387073

国家	2009	2010	2011	2012	2013	2014	2015	2016
中国	-15.33456224	16.8765255	20.43172121	79.21509321	53.71560957	46.89839221	-14.04320324	13.01607995
俄罗斯	13.95811791	5.804994288	5.519376864	10.45824396	3.050600042	-10.15071177	15.86718558	-3.610073407
哈萨克斯坦	0.537533677	0.585142967	0.734391961	1.173195842	1.405932224	-0.830661148	0.969555428	-3.485528291
乌兹别克斯坦	-0.143958942	0.098340051	0.090585112	0.435857787	0.301887287	0.305511252	-0.052308636	0.080179791
吉尔吉斯斯坦	0.013340512	0.002198442	0.019534388	0.030760208	0.036720793	0.006711181	0.018344036	-0.053040109
塔吉克斯坦	0.004684002	0.011885884	0.012363359	0.080792782	0.046102754	0.037419917	0.032096435	-0.074603144
6国总计	-0.964845084	23.37908714	26.80797289	91.39394379	58.55685266	36.26666165	2.791669602	5.873014791
印度	-4.188238768	6.132168886	1.607264772	0.452862816	1.726230348	9.118715195	-0.685189116	11.02843904
巴基斯坦	0.088284541	0.16606278	0.511121761	0.815939078	0.344711399	0.668220068	-0.60071652	0
8国总计	-5.064799311	29.6773188	28.92635943	92.66274568	60.62779441	46.05359691	1.505763966	16.90145383

备注1：巴基斯坦2016年GDP暂无数据，因此在GDP总量上用2015年数据替代，增量上视为0。

备注2：世界经济在2001、2009、2015年负增长，因此这三年中增量为正数的国家对世界经济贡献率为负数。

备注3：数据来源为国际货币基金组织（IMF）数据库。

（二）上海合作组织成员国相互贸易情况

附表5　中国与中亚四国贸易总额

单位：万美元

年份	2001	2002	2003	2004	2005	2006	2007	2008
贸易额	147629	230079	399203	574482	861681	1187932	1930924	2999235
年份	2009	2010	2011	2012	2013	2014	2015	2016
贸易额	2278697	2856399	3417330	3557578	4024323	3454167	2397413	2412922

附表6　俄罗斯与中亚四国贸易总额

单位：万美元

年份	2001	2002	2003	2004	2005	2006	2007	2008
贸易额	613330	545842	721554	1014979	1238082	1645719	2126554	2584351
年份	2009	2010	2011	2012	2013	2014	2015	2016
贸易额	1744489	2057163	2708295	3059359	2984570	2775485	1952984	1764930

附表7　中国与俄罗斯贸易总额

单位：万美元

年份	2001	2002	2003	2004	2005	2006	2007	2008
贸易额	1067054	1192743	1575800	2122553	2910122	3338681	4815478	5690861
年份	2009	2010	2011	2012	2013	2014	2015	2016
贸易额	3875155	5553311	7927339	8821099	8925900	9527045	6801544	6963720

（三）上海合作组织大事记（2001～2016年）

2001年6月14日　由中国、俄罗斯、哈萨克斯坦、吉尔吉斯斯坦、塔吉克斯坦组成的"上海五国"元首在上海举行第六次会晤，乌兹别克斯坦以完全平等的身份加入"上海五国"机制。

2001年6月15日　六国元首签署《上海合作组织成立宣言》，上海合作组织正式成立。

2001 年 9 月 14 日 上海合作组织总理理事会首次会议在阿拉木图举行。六国总理签署了上合组织成员国政府间关于区域经济合作的基本目标和方向的备忘录，并宣布成立上合组织框架内政府首脑定期会晤机制。

2002 年 6 月 7 日 元首理事会第二次会议在圣彼得堡举行。六国元首签署《上海合作组织宪章》《上海合作组织成员国关于地区反恐怖机构的协定》《上海合作组织成员国元首宣言》等三个重要文件，为上合组织的机制化和法律化建设奠定了基础。

2003 年 5 月 29 日 元首理事会第三次会议在莫斯科举行。会上，六国元首讨论了在新形势下如何抓住机遇、应对挑战、加强协调、扩大合作、促进地区和平与发展等重大问题，并达成广泛共识。六国元首还签署了《上海合作组织成员国元首宣言》。

2003 年 8 月 6～12 日 中国、哈萨克斯坦、吉尔吉斯斯坦、俄罗斯、塔吉克斯坦五国举行上合组织框架内的首次多边联合反恐军事演习。

2003 年 9 月 23 日 总理理事会第二次会议在北京举行。会上六国总理签署了《上海合作组织成员国多边经贸合作纲要》《关于技术性启动上海合作组织常设机构的备忘录》《上海合作组织成员国总理会晤联合公报》等六个文件。

2004 年 1 月 15 日 作为上合组织的常设行政机构，设在北京的秘书处正式启动。

2004 年 6 月 17 日 元首理事会第四次会议在塔什干举行。本次峰会正式启动了上合组织地区反恐怖机构建设。塔什干峰会标志着成立三年的上合组织正式结束初创阶段，进入了全面发展的新时期。蒙古国被吸收为上合组织观察员国。

2004 年 9 月 23 日 总理理事会第三次会议在比什凯克举行。六国总理一致强调，恐怖主义、分裂主义、极端主义仍是本地区安全与稳定的主要威胁。会议批准的多边经贸合作纲要落实措施计划涉及 11 个领域的127 个项目。这次峰会标志着上海合作组织进入以安全和经贸为重点的务实合作时期。

2005 年 4 月 12 日 独联体执行委员会与上合组织秘书处在北京签署

谅解备忘录，独联体成为第一个与上合组织以签署具有法律效力的文件来确立合作关系的国际组织。

2005 年 4 月 21 日　上海合作组织组织秘书处与东盟秘书处签署了谅解备忘录。

2005 年 7 月 5 日　元首理事会第五次会议在阿斯塔纳举行，六国元首签署《上海合作组织成员国元首宣言》等重要文件，并决定给予巴基斯坦、伊朗、印度观察员国地位。会议决定，进一步采取一系列加强团结、合作反恐、发展经济的具体措施。

2005 年 10 月 26 日　总理理事会第四次会议于莫斯科举行。六国总理同意在加强在基础设施建设、能源、通信、资金以及文化、科技、旅游等领域合作同时，继续加大对"三股势力"的打击力度。蒙古国、巴基斯坦、伊朗、印度等观察员国领导人出席了会议。

2005 年 11 月 4 日　上海合作组织与阿富汗签署关于建立联络小组的议定书。

2005 年 7 月 5 日　元首理事会第五次会议在阿斯塔纳举行。六国元首签署了《上海合作组织成员国元首宣言》等重要文件，并决定给予巴基斯坦、伊朗、印度观察员国地位。

2006 年 5 月 22 日　上海合作组织论坛在莫斯科成立。

2006 年 6 月 15 日　元首理事会第六次会议在上海举行。六国元首围绕弘扬"上海精神"、深化务实合作、促进和平发展的主题，提出了上合组织发展的远景规划，签署了《上海合作组织五周年宣言》等重要文件，为上合组织的下一步发展确定了方向和任务。

2006 年 9 月 15 日　总理理事会第五次会议于杜尚别举行。六国总理结合同年 6 月 15 日上海峰会达成的共识，研究了本组织成员国经济合作的优先方向，提出了六国在经贸、科技、社会、文化和其他领域合作的一系列具体措施。

2007 年 8 月 16 日　元首理事会第七次会议在比什凯克举行。六国元首签署了《上海合作组织成员国长期睦邻友好合作条约》，把成员国人民"世代友好、永保和平"的思想以法律形式确定下来。

2007 年 11 月 2 日　总理理事会第六次会议于塔什干举行。六国总理就加强贸易、投资、交通、能源、电信、海关及人文等领域合作深入交换了意见，并在完善贸易投资环境、推动实施网络性项目和拓宽融资渠道等方面达成多项共识。

2008 年 8 月 28 日 元首理事会第八次会议在杜尚别举行。六国元首就上海合作组织发展和合作重点方向、相互关系准则、对外交往基本立场等达成新的重要共识。会议通过了《上海合作组织成员国元首杜尚别宣言》《上海合作组织对话伙伴条例》等重要文件。

2008 年 10 月 30 日 总理理事会第七次会议于阿斯塔纳举行。会议讨论了本组织框架内的合作，修订了《〈上海合作组织成员国多边经贸合作纲要〉落实措施计划》。会议结束后，成员国代表团团长签署了联合公报等文件。

2009 年 6 月 15～16 日 元首理事会第九次会议在叶卡捷琳堡举行。六国元首签署了《叶卡捷琳堡宣言》和《反恐怖主义公约》等重要文件。会议决定给予斯里兰卡和白俄罗斯对话伙伴国地位。

2009 年 10 月 14 日 总理理事会第八次会议在北京举行。会议批准了《上海合作组织成员国关于加强多边经济合作、应对全球金融经济危机、保障经济持续发展的共同倡议》和《上海合作组织秘书处关于〈上海合作组织成员国多边经贸合作纲要〉实施情况的报告》，并签署了《上海合作组织成员国海关培训和提高海关关员专业技能合作议定书》等合作文件。

2010 年 4 月 5 日 上合组织成员国签署了《联合国秘书处与上海合作组织秘书处合作联合声明》，将与联合国机构在维护安全、发展经济、推动社会和人文发展等方面加强合作。

2010 年 6 月 11 日 元首理事会第十次会议在塔什干举行。会议发表了《上海合作组织成员国元首理事会第十次会议宣言》，批准了《上海合作组织接收新成员条例》和《上海合作组织程序规则》。

2010 年 11 月 25 日 总理理事会第九次会议在杜尚别举行。会议期间，各成员国领导人就推进政治、安全、经贸、人文等领域合作，深化区域合作，恢复经济活力和确保可持续发展深入交换了意见，达成广泛共识。会议发表了《上海合作组织成员国政府首脑（总理）理事会会议联合公报》等文件。

2011 年 6 月 15 日 元首理事会第十一次会议在阿斯塔纳举行。六国元首围绕回顾过去、展望未来、凝聚共识、巩固团结的主题，总结了过去的成就和发展经验，并在深入分析国际和地区形势发展的基础上签署《上海合作组织十周年阿斯塔纳宣言》，对上合组织未来 10 年的发展方向作出战略规划。

2011 年 11 月 7 日 总理理事会第十次会议在圣彼得堡举行。会议发表了《上海合作组织成员国政府首脑（总理）理事会会议联合公报》及《上海合作组织成员国政府首脑（总理）关于世界和上合组织地区经济形势的联合声明》等成果文件

2012 年 6 月 7 日 元首理事会第十二次会议在北京举行。六国元首签署了《上合组织成员国元首关于构建持久和平、共同繁荣地区的宣言》和《上海合作组织中期发展战略规划》等 10 个文件，北京峰会时值上合组织成立第二个十年的第一年，对于上合组织今后发展有着里程碑意义。

2012 年 12 月 5 日 总理理事会第十一次会议在比什凯克举行。与会各方就世界和地区经济形势的广泛议题，发展上合组织框架内的经贸和人文合作的现实问题交换了意见，并就广泛议题达成重要共识。会议结束后上合组织成员国签署了多项重要文件。

2013 年 9 月 13 日 上海合作组织成员国元首理事会第十三次会议在吉尔吉斯斯坦首都比什凯克举行。会上六国元首批准了《〈上海合作组织成员国长期睦邻友好合作条约〉实施纲要（2013~2017 年)》《上海合作组织地区反恐怖机构理事会关于地区反恐怖机构 2012 年工作的报告》，签署了《上海合作组织成员国元首比什凯克宣言》。

2013 年 11 月 29 日 总理理事会第十二次会议在塔什干举行。本次会议还邀请了上合组织观察员国蒙古国、巴基斯坦、伊朗、印度、阿富汗相应级别领导人，以及联合国、独联体等国际组织负责人出席。会议通过了一系列成果文件。会议结束后，与会各方发表了《联合公报》。

2014 年 9 月 11~12 日 元首理事会第十四次会议在杜尚别举行。六国元首批准了《给予上海合作组织成员国地位程序》和《关于申请国加入上海合作组织义务的备忘录范本》修订案，六国授权代表签署了《上

海合作组织成员国政府间国际道路运输便利化协定》以及《上合组织成员国元首杜尚别宣言》。

2014 年 12 月 16 日　总理理事会第十三次会议在阿斯塔纳举行。与会总理对中华人民共和国关于建设"丝绸之路经济带"的倡议表示欢迎，认为上合组织成员国就此进行协商与合作具有重要意义。并通过了《上海合作组织秘书处关于〈上海合作组织成员国多边经贸合作纲要〉实施情况的报告》，还就上合组织常设机构的财务和组织问题通过了决议。

2015 年 7 月 9～10 日　元首理事会第十五次会议在乌法举行。与会元首共同签署并发表了《上海合作组织成员国元首乌法宣言》，会议还发表了《上海合作组织成员国元首理事会会议新闻公报》《上海合作组织成员国元首关于应对毒品问题的声明》《上海合作组织成员国元首关于世界反法西斯战争暨第二次世界大战胜利 70 周年的声明》等一系列文件。本次峰会正式启动接纳印度和巴基斯坦加入上合组织的程序。这是上合组织 2001 年成立以来首次扩大。本次会议还决定给予白俄罗斯观察员国地位，给予阿塞拜疆、亚美尼亚、柬埔寨、尼泊尔对话伙伴国地位。

2015 年 12 月 14～15 日　总理理事会第十四次会议在郑州举行。与会总理就国际和地区经济发展的广泛议题交换了意见，讨论了深化上合组织经济合作和人文合作的前景与措施，表示愿进一步巩固上合组织成员国人民相互理解与传统友谊。各国总理重申支持中华人民共和国关于建设"丝绸之路经济带"的倡议，并通过了《上合组织成员国政府首脑（总理）关于区域经济合作的声明》。

2016 年 6 月 23～24 日　元首理事会第十六次会议在塔什干举行。峰会批准了《〈上海合作组织至 2025 年发展战略〉2016～2020 年落实行动计划》，进一步细化了 2015 年乌法峰会确定的上合组织未来 10 年发展规划，制定了各领域合作的具体举措。六国元首还签署了印度、巴基斯坦加入上合组织义务的备忘录。

2016 年 11 月 2～3 日　总理理事会第十五次会议在比什凯克举行。各国总理就国际和地区经济发展的广泛议题交换意见，讨论了深化上合组织合作、进一步巩固成员国人民相互理解与友谊的前景与措施。总理们强调，上合组织成员国关于为发展地区经济合作创造良好条件的相关倡议，包括中华人民共和国提出的"丝绸之路经济带"倡议，作为"一带一路"倡议的组成部分，有利于寻求开展国际合作的新模式，加强各国间伙伴关系，扩大投资规模，增加居民就业。

作者简介

李进峰 中国社会科学院俄罗斯东欧中亚研究所党委书记、副所长、中国社会科学院上海合作组织研究中心执行主任。在国有大型企业工作多年。2001~2008年任中国社会科学院研究生院副院长，2008~2011年在新疆生产建设兵团挂职，从事企业管理、行政管理和相关学术研究工作多年，多次承担重大科研任务，著有《援疆实践与思考》《转型期中国建筑业企业问题》，主编《上海合作组织发展报告》。主要学术论文：《谋求外援内生动力推进新疆跨越式发展》《加强与中亚国家合作维护边疆稳定的战略目标和途径》等。

图书在版编目(CIP)数据

上海合作组织 15 年：发展形势分析与展望 / 李进峰
著. -- 北京：社会科学文献出版社，2017.6
ISBN 978 - 7 - 5201 - 0944 - 4

Ⅰ. ①上…　Ⅱ. ①李…　Ⅲ. ①上海合作组织 - 研究
Ⅳ. ①D814.1

中国版本图书馆 CIP 数据核字（2017）第 114373 号

上海合作组织 15 年：发展形势分析与展望

著　　者 / 李进峰

出 版 人 / 谢寿光
项目统筹 / 祝得彬
责任编辑 / 刘　娟

出　　版 / 社会科学文献出版社 · 当代世界出版分社　（010）59367004
　　　　　　地址：北京市北三环中路甲 29 号院华龙大厦　邮编：100029
　　　　　　网址：www. ssap. com. cn
发　　行 / 市场营销中心（010）59367081　59367018
印　　装 / 三河市东方印刷有限公司

规　　格 / 开　本：787mm × 1092mm　1/16
　　　　　　印　张：3.25　字　数：51 千字
版　　次 / 2017 年 6 月第 1 版　2017 年 6 月第 1 次印刷
书　　号 / ISBN 978 - 7 - 5201 - 0944 - 4
定　　价 / 58.00 元

本书如有印装质量问题，请与读者服务中心（010 - 59367028）联系